# Maharishi Patañjali Yoga Sūtra

traduzido por
Thomas Egenes, Ph.D.

Maharishi Patañjali
Yoga Sūtra

Tradução Sânscrito - Inglês

Thomas Egenes, Ph.D.

Tradução Inglês - Português

Eliana Homenco
Jayme Torres
Simone Cabizuca

Maharishi Patañjali Yoga Sūtra

Thomas Egenes, Ph.D.



Publicado por 1st World Publishing
Caixa Postal 2211, Fairfield, Iowa 52556
tel: +1 641-209-5000 – fax: +1 866-440-5234
web: www.1stworldpublishing.com

Primeira Edição

Capa mole ISBN: 978-1-4218-3712-3



Foto da capa - Sankari Wegman

Foto da contracapa - Brandy Lee-Jacob

Design da capa - Lawrence Sheaff

# Samādhi-Pāda

## Capítulo sobre Transcendência

अथ योगानुशासनम् ॥१॥

*atha yogānuśāsanam*

*atha* agora *yoga* união, integração *anuśāsanam* ensinamento, exposição

Agora, o ensinamento sobre Yoga. (1)

योगश्चित्तवृत्तिनिरोधः ॥२॥

*yogaś citta-vṛtti-nirodhaḥ*

*yogaḥ* união, consciência transcendental *citta* mente *vṛtti* atividade *nirodhaḥ* completo assentamento, cessação

Yoga é o completo assentamento da atividade da mente. (2)

## तदा द्रष्टुः स्वरूपेऽवस्थानम् ॥३॥

*tadā draṣṭuḥ svarūpe 'vasthānam*

*tadā* então *draṣṭuḥ* do observador *svarūpe* em sua própria forma, sua própria natureza, nele mesmo *avasthānam* estabelecimento

Então, o observador está estabelecido no Ser. (3)

## वृत्तिसारूप्यमितरत्र ॥४॥

*vṛtti-sārūpyam itaḥ atra*

*vṛtti* atividade, impulso, tendência, reverberação *sārūpyam* mesma forma, identificação, surgimento *itaḥ* daqui *atra* aqui (*itaratra* é usualmente traduzido como "em outro lugar")

Reverberações do Ser surgem daqui (do estado autorreferente) e permanecem aqui (dentro do estado autorreferente). (4)

वृत्तयः पञ्चतय्यः क्लिष्टाऽक्लिष्टाः ॥५॥

*vṛttayaḥ pañcatayyaḥ kliṣṭākliṣṭāḥ*

*vṛttayaḥ* atividades *pañcatayyaḥ* cinco tipos *kliṣṭa* dolorosas, de sofrimento *akliṣṭḥ* não dolorosas, livres de sofrimento

As atividades mentais, dolorosas e não dolorosas, são em cinco tipos. (5)

प्रमाणविपर्ययविकल्पनिद्रास्मृतयः ॥६॥

*pramāṇa-viparyaya-vikalpa-nidrā-smṛtayaḥ*

*pramāṇa* conhecimento válido *viparyaya* conhecimento inválido, equívoco *vikalpa* imaginação *nidrā* sono *smṛtayaḥ* memória

Eles são: conhecimento válido, conhecimento inválido, imaginação, sono e memória. (6)

प्रत्यक्षानुमानागमाः प्रमाणानि ॥७॥

*pratyakṣānumānāgamāḥ pramāṇāni*

*pratyakṣa* percepção, experiência direta *anumāna* inferência *āgamāḥ* testemunho verbal *pramāṇāni* conhecimento válido

Os meios para se ganhar conhecimento válido são: experiência direta, inferência e testemunho verbal. (7)

विपर्ययो मिथ्याज्ञानमतद्रूपप्रतिष्ठम् ॥८॥

*viparyayo mithyā-jñānam atad-rūpa-pratiṣṭham*

*viparyayaḥ* conhecimento inválido *mithyā* enganoso, falso *jñānam* entendimento, conhecimento *atat* não aquilo (não real) *rūpa* forma, aparência *pratiṣṭham* base, fundação

Conhecimento inválido é entendimento enganoso, baseado em uma aparência daquilo que não é real. (8)

शब्दज्ञानानुपाती वस्तुशून्यो विकल्पः ॥९॥

*śabda-jñānānupātī vastu-śūnyo vikalpaḥ*

*śabda* nome, verbal *jñāna* conhecimento *anupātī* segue, depende de *vastu* objeto *śūnyaḥ* desprovido, sem *vikalpaḥ* imaginação

Imaginação segue o conhecimento verbal, mas sem um objeto correspondente. (9)

अभावप्रत्ययालम्बना वृत्तिर्निद्रा ॥१०॥

*abhāva-pratyayālambanā vṛttir nidrā*

*abhāva* não-existência *pratyaya* experiência *ālambanā* base, fundação *vṛttiḥ* estado, atividade *nidrā* sono

Sono é a atividade baseada na experiência da não existência. (10)

अनुभूतविषयासंप्रमोषः स्मृतिः ॥११॥

*anubhūta-viṣayāsaṁpramoṣaḥsmṛtiḥ*

*anubhūta* percebido *viṣaya* objeto *asaṁpramoṣaḥ* que não desaparece *smṛtiḥ* memória

Memória é não esquecer um objeto percebido. (11)

अभ्यासवैराग्याभ्यां तन्निरोधः ॥१२॥

*abhyāsa-vairāgyābhyāṁ tan-nirodhaḥ*

*abhyāsa* prática *vairāgyābhyām* através do desapego *tat* estas (atividades) *nirodhaḥ* cessação, em estado de calma

Através da prática e do desapego, estas atividades cessam. (12)

तत्र स्थितौ यत्नोऽभ्यासः ॥१३॥

*tatra sthitau yatno 'bhyāsaḥ*

*tatra* lá, naquilo (estado de yoga) *sthitau* no estabelecimento *yatnaḥ* empenho *abhyāsaḥ* prática

Prática é o empenho para tornar-se estabelecido no estado de Yoga. (13)

स तु दीर्घकालनैरन्तर्यसत्कारासेवितो दृढभूमिः ॥१४॥

*sa tu dīrgha-kāla-nairantarya-satkārāsevito*
*dṛḍha-bhūmiḥ*

*saḥ* aquilo (yoga) *tu* mas, então *dīrgha* longo *kāla* tempo *nairantarya* sem interrupção, sem intervalo *satkāra* dedicada *āsevitaḥ* cultivado, praticado *dṛḍha* firme *bhūmiḥ* estabelecido, baseado

Yoga torna-se firmemente estabelecido através da prática regular e dedicada, por um longo tempo. (14)

दृष्टानुश्रविकविषयवितृष्णस्य वशी-
कारसंज्ञा वैराग्यम् ॥१५॥

*dṛṣṭānuśravika-viṣaya-vitṛṣṇasya*
*vaśīkāra-saṁjñā vairāgyam*

*dṛṣṭa* visto *anuśravika* ouvido *viṣaya* objeto *vitṛṣṇasya* de alguém que está livre de sede ou desejo *vaśīkāra* maestria,
triunfo (do Ser) *saṁjñā* conhecimento, referência (indicação), sinal
*vairāgyam* estado de desapego

No estado de desapego, a pessoa é libertada do desejo por objetos, sejam vistos ou ouvidos. Este é o sinal do triunfo do Ser. (15)

तत्परं पुरुषख्यातेर्गुणवैतृष्ण्यम् ॥१६॥

*tat-paraṁ puruṣa-khyāter guṇa-vaitṛṣṇyam*

*tat* aquilo (estado de desapego) *param* elevado *puruṣa* Ser,
consciência *khyāteḥ* através do conhecimento *guṇa* qualidade,
mudança *vaitṛṣṇyam* liberdade

O estado mais elevado de desapego é a liberdade de toda mudança, que vem através do conhecimento do Ser (*puruṣa*). (16)

वितर्कविचारानन्दास्मितारूपानुगमात्
संप्रज्ञातः ॥१७॥

*vitarka-vicārānandāsmitā-rūpānugamāt*
*saṁprajñātaḥ*

*vitarka* atividade mental superficial, pensamento discursivo *vicāra* atividade mental sutil *ānanda* bem-aventurança *asmitā* individualidade pura, estado de Ser *rūpa* forma *anugamāt* através do movimento (impulso mental), através do seguir *saṁprajñātaḥ* transcender com um objeto de atenção

*Samādhi* com um objeto de atenção (*saṁprajñātaḥ samādhi*) pega a forma de atividade mental superficial, então, atividade mental sutil, bem-aventurança e o estado de autorreferência. (17)

विरामप्रत्ययाभ्यासपूर्वः संस्कारशे-
षोऽन्यः ॥१८॥

*virāma-pratyayābhyāsa-pūrvaḥ*
*saṁskāra-śeṣo 'nyaḥ*

*virāma* cessação *pratyaya* experiência *abhyāsa* prática, experiência repetida *pūrvaḥ* prévia, precedida por, segue *saṁskāra* impressão latente *śeṣaḥ* permanece *anyaḥ* o outro (estado)

O outro estado, *samādhi* sem um objeto de atenção (*asaṁprajñātaḥ samādhi*), segue a experiência repetida de cessação, apesar das impressões latentes ainda permanecerem. (18)

भवप्रत्ययो विदेहप्रकृतिलयानाम् ॥१९॥

*bhava-pratyayo videha-prakṛti-layānām*

*bhava* ser, tornar-se *pratyayaḥ* experiência (*bhava-pratyayaḥ* experiência do ser, nascimento) *videha* aquele que vive em níveis refinados *prakṛti* natureza *layānām* unido

Em virtude do nascimento, alguns podem viver em níveis refinados ou tornarem-se unidos com a natureza. (19)

श्रद्धावीर्यस्मृतिसमाधिप्रज्ञापूर्वक इत-
रेषाम् ॥२०॥

*śraddhā-vīrya-smṛti-samādhi-prajñā-pūrvaka itareṣām*

*śraddhā* fé vīrya vigor *smṛti* memória *samādhi* transcendência *prajñā* conhecimento *pūrvakaḥ* precedido por *itareṣām* por outros

Para outros, é precedido por fé, vigor, memória, transcendência e conhecimento. (20)

तीव्रसंवेगानामासन्नः ॥२१॥

*tīvra-saṁvegānām āsannaḥ*

*tīvra* forte, ardente *saṁvegānām* para aqueles que são determinados *āsannaḥ* próximo

Está próximo para aqueles que são altamente determinados. (21)

मृदुमध्याधिमात्रत्वात् ततोऽपि विशेषः ॥२२॥

*mṛdu-madhyādhimātratvāt tato 'pi viśeṣaḥ*

*mṛdu* leve *madhya* meio, moderado *adhimātratvāt* de ser muito forte, acima da medida *tataḥ* daqueles *api* até mesmo *viśeṣaḥ* distinção, diferença

Mesmo entre aqueles, há uma distinção entre leve, moderado e muito forte. (22)

ईश्वरप्रणिधानाद्वा ॥२३॥

*īśvara-praṇidhānād vā*

*īśvara* Deus *praṇidhānāt* através da devoção *vā* ou

Ou é obtido através da devoção a Deus. (23)

क्लेशकर्मविपाकाशयैरपरामृष्टः पुरुषविशेष ईश्वरः ॥२४॥

*kleśa-karma-vipākāśayair aparāmṛṣṭaḥ*
*puruṣa-viśeṣa īśvaraḥ*

*kleśa* aflição, sofrimento *karma* ação *vipāka* amadurecimento, fruto (da ação) *āśayaiḥ* por impressões, marcas *aparāmṛṣṭaḥ* não afetado, intocado *puruṣa* ser, pessoa, personalidade *viśeṣa* distinta, particular *īśvaraḥ* Deus

Deus é uma personalidade distinta, não afetada por aflições, ação, resultado de ação ou impressões. (24)

तत्र निरतिशयं सार्वज्ञबीजम् ॥२५॥

*tatra niratiśayaṁ sarvajña-bījam*

*tatra* lá, Nele *niratiśayam* insuperável *sarvajña* onisciência *bījam* semente

Nele, a semente da onisciência é insuperável. (25)

स पूर्वेषामपि गुरुः कालेनानवच्छेदात् ॥२६॥

*sa pūrveṣām api guruḥ kālenānavacchedāt*

*saḥ* Ele *pūrveṣām* daqueles que nos precederam, dos antigos, *api* também *guruḥ* mestre kālena pelo tempo *anavacchedāt* de não estar preso

Ele também é o mestre dos antigos, sendo ilimitado pelo tempo. (26)

तस्य वाचकः प्रणवः ॥२७॥

*tasya vācakaḥ praṇavaḥ*

*tasya* Dele *vācakaḥ* expressão *praṇavaḥ* som

A expressão Dele é o som. (27)

तज्जपस्तदर्थभावनम् ॥२८॥

*taj-japas tad-artha-bhāvanam*

*tat* aquilo *japaḥ* experiência repetida, repetição *tat* aquilo *artha* forma, significado *bhāvanam* produção, criação

A experiência repetida deste, produz a forma deste. (28)

ततः प्रत्यक्चेतनाधिगमोऽप्यन्तरायाभावश्च ॥२९॥

*tataḥ pratyak-cetanādhigamo 'py antarāyābhāvaś ca*

*tataḥ* então *pratyak* para dentro *cetanā* consciência *adhigamaḥ* indo *api* também, assim como *antarāya* obstáculos *abhāvaḥ* desaparecimento *ca* e

Então, a consciência volta-se para dentro e os obstáculos também desaparecem. (29)

व्याधिस्त्यानसंशयप्रमादालस्याविरति -
भ्रान्तिदर्शनालब्धभूमिकत्वानव-
स्थितत्वानि
चित्तविक्षेपास्तेऽन्तरायाः ॥३०॥

*vyādhi-styāna-saṁśaya-pramādālasyāvirati-*
*bhrānti-darśanālabdha-bhūmikatvānavasthitatvāni*
*citta-vikṣepās te 'ntarāyāḥ*

*vyādhi* doença *styāna* fadiga *saṁśaya* dúvida *pramāda* descuido *ālasya* preguiça *avirati* apego *bhrānti* confuso *darśana* visão, compreensão (*bhrānti-darśana* engano) *alabdha* não obtido *bhūmikatva* estágio (*alabdha-bhūmikatva* fracasso (em atingir os estágios) *anavasthitatvāni* instabilidade *citta* mente *vikṣepāḥ* distrações *te* aqueles *antarāyāḥ* obstáculos

Aqueles obstáculos que distraem a mente, são: doença, fadiga, dúvida, descuido, preguiça, apego, compreensão enganosa, falha em atingir *samādhi* e fracasso em manter *samādhi*. (30)

दुःखदौर्मनस्याङ्गमेजयत्वश्वासप्रश्वासा विक्षेपसहभुवः ॥३१॥

*duḥkha-daurmanasyāṅgam-ejayatva-śvāsa-praśvāsā vikṣe-pa-sahabhuvaḥ*

*duḥkha* dor *daurmanasya* depressão *aṅgam* membro *ejayatva* tremendo *śvāsa* inalação *praśvāsāḥ* exalação *vikṣepa* distração *sahabhuvaḥ* acompanhando

Estas distrações são acompanhadas por: dor, depressão, inquietação, e respiração ofegante. (31)

तत्प्रतिषेधार्थमेकतत्त्वाभ्यासः ॥३२॥

*tat-pratiṣedhārtham eka-tattvābhyāsaḥ*

*tat* estes (obstáculos) *pratiṣedha* remoção, prevenção *artham* objetivo, propósito *eka* um, singular *tattva* realidade, princípio *abhyāsaḥ* prática, experiência repetida

Estes obstáculos podem ser removidos através da experiência repetida da realidade única. (32)

मैत्रीकरुणामुदितोपेक्षाणां
सुखदुःखपुण्यापुण्यविषयाणां
भावनातश्चित्तप्रसादनम् ॥३३॥

*maitrī-karuṇā-muditopekṣāṇāṁ*
*sukha-duḥkha-puṇyāpuṇya-viṣayāṇāṁ*
*bhāvanātaś citta-prasādanam*

*maitrī* amizade *karuṇā* compaixão *muditā* deleite, felicidade, alegria *upekṣāṇām* por aqueles que têm equanimidade *sukha* feliz *duḥkha* infeliz *puṇya* virtuoso *apuṇya* não virtuoso *viṣayāṇām* por aqueles organizados nas esferas de atividade *bhāvanātaḥ* pelo cultivo *citta* mente *prasādanam* purificação

A mente torna-se purificada ao cultivar amizade com o feliz, compaixão para com o infeliz, felicidade com o virtuoso e equanimidade para com o não virtuoso. (33)

प्रच्छर्दनविधारणाभ्यां वा प्राणस्य ॥३४॥

*pracchardana-vidhāraṇābhyāṁ vā prāṇasya*

*pracchardana* exalação *vidhāraṇābhyām* pela inalação *vā* ou *prāṇasya* da respiração

Ou a mente torna-se purificada pela inalação e exalação da respiração. (34)

विषयवती वा प्रवृत्तिरुत्पन्ना मनसः स्थितिनिबन्धिनी ॥३५॥

*viṣayavatī vā pravṛttir utpannā manasaḥ*
*sthiti-nibandhanī*

*viṣayavatī* ter objeto (de percepção refinada) *vā* ou *pravṛttiḥ* cognição *utpannā* surgindo *manasaḥ* da mente *sthiti* firmeza *nibandhanī* estabelecido

Ou a firmeza da mente é estabelecida quando surge a cognição de percepção refinada. (35)

विशोका वा ज्योतिष्मती ॥३६॥

*viśokā vā jyotiṣmatī*

*viśokā* livre de sofrimento *vā* ou *jyotiṣmatī* preenchido de luz

Ou pela experiência da luz interior, que é livre de sofrimento. (36)

वीतरागविषयं वा चित्तम् ॥३७॥

*vīta-rāga-viṣayaṁ vā cittam*

*vīta* livre de *rāga* desejo, paixão *viṣayam* objeto, condição vā ou *cittam* mente

Ou pela sintonização da mente com uma pessoa livre de desejo. (37)

स्वप्ननिद्राज्ञानालम्बनं वा ॥३८॥

*svapna-nidrā-jñānālambanaṁ vā*

*svapna* sonho *nidrā* sono profundo *jñāna* conhecimento *ālambanam* obtendo, descanso *vā* ou

Ou pelo conhecimento obtido no sonho ou sono profundo. (38)

यथाभिमतध्यानाद्वा ॥३९॥

*yathābhimata-dhyānād vā*

*yathā*, de acordo *abhimata* desejado, prazeroso, agradável *dhyānāt* da meditação *vā* ou

Ou da meditação sobre o que é desejado. (39)

परमाणु परममहत्त्वान्तोऽस्य वशीकारः ॥४०॥

*paramāṇu-parama-mahattvānto 'sya vaśīkāraḥ*

*parama* extremo, supremamente *aṇu* pequeno *parama* extremo, supremamente *mahattva* grande *antaḥ* fim asya disto *vaśīkāraḥ* maestria

A maestria disto se estende do menor dos menores para o maior dos maiores. (40)

क्षीणवृत्तेरभिजातस्येव
मणेर्ग्रहीतृग्रहणग्राह्येषु
तत्स्थतदञ्जनता समापत्तिः ॥४१॥

*kṣīṇa-vṛtter abhijātasyeva*
*maṇer grahītṛ-grahaṇa-grāhyeṣu*
*tat-stha-tad-añjanatā samāpattiḥ*

*kṣīṇa* diminuído *vṛtteḥ* da atividade *abhijātasya* de um transparente, de um bem polido *iva* como *maṇeḥ* de um cristal *grahītṛ* conhecedor, o que percebe *grahaṇa* saber, perceber *grāhyeṣu* no conhecido, no percebido *tat* que *stha* repousando, permanecendo *tat* aquilo *añjanatā* aparência *samāpattiḥ* absorção

Quando a atividade mental diminui, então o conhecedor, o processo de conhecer e o conhecido, tornam-se absorvidos um no outro, como um cristal transparente que assume a aparência daquilo sobre o qual é colocado. (41)

## तत्र शब्दार्थज्ञानविकल्पैः संकीर्णा सवितर्का समापत्तिः ॥४२॥

*tatra śabdārtha-jñāna-vikalpaiḥ saṁkīrṇā*
*savitarkā samāpattiḥ*

*tatra* lá (no primeiro estágio de absorção, *savitarkā*) *śabda* som *artha* objeto, significado *jñāna* conceito *vikalpaiḥ* pela alternância *saṁkīrṇā* misturado, em desordem, não resolvido *savitarkā* com deliberação, com lógica *samāpattiḥ* absorção

No primeiro estágio de absorção (savitarkā samāpatti) a mente está em desordem —alternando entre som, objeto e conceito. (42)

स्मृतिपरिशुद्धौ स्वरूपशून्येवार्थमात्र-
निर्भासा निर्वितर्का ॥४३॥

*smṛti-pariśuddhau svarūpa-śūnyevārtha-mātra-nirbhāsā nirvitarkā*

*smṛti* memória *pariśuddhau* no esclarecimento, na purificação *svarūpa* própria natureza *śūnyā* desprovida *iva* por assim dizer *artha* grosseiro, objeto *mātra* apenas *nirbhāsā* aparência *nirvitarkā* sem deliberação

No segundo estágio de absorção (nirvitarkā) a memória é clareada, embora ainda desprovida de sua própria natureza, por assim dizer, e apenas o objeto grosseiro aparece. (43)

एतयैव सविचारा निर्विचारा च
सूक्ष्मविषया व्याख्याता ॥४४॥

*etayaiva savicārā nirvicārā ca*
*sūkṣma-viṣayā vyākhyātā*

*etayā eva* por este *savicārā* com reflexão *nirvicārā* sem reflexão *ca* e *sūkṣma* sutil *viṣayā* objeto *vyākhyātā* explicado

O terceiro estágio (savicāra) e o quarto estágio (nirvicāra) são explicados da mesma maneira, apenas com um objeto sutil de atenção. (44)

सूक्ष्मविषयत्वं चालिङ्गपर्यवसानम्

॥४५॥

*sūkṣma-viṣayatvaṁ cāliṅga-paryavasānam*

*sūkṣma* sutil *viṣayatvam* estado de objeto *ca* e *aliṅga sem forma* *paryavasānam* fim, extensão

E a gama de objetos sutis se estende ao sem forma. (45)

ता एव सबीजः समाधिः ॥४६॥

*tā eva sabījaḥ samādhiḥ*

*tāḥ* estes *eva* ainda *sabījaḥ* com objeto, com semente *samādhiḥ* transcendência

Estes níveis de samādhi ainda têm objetos de atenção. (46)

## निर्विचारवैशारद्येऽध्यात्मप्रसादः ॥४७॥

*nirvicāra-vaiśāradye 'dhyātma-prasādaḥ*

*nirvicāra* sem reflexão *vaiśāradye* na experiência clara, na perícia *adhyātma* referente ao Ser, espiritual *prasādaḥ* brilho, esplendor, clareza, tranquilidade

Na clara experiência de nirvicāra samādhi surge o esplendor da espiritualidade. (47)

## ऋतम्भरा तत्र प्रज्ञा ॥४८॥

*ṛtambharā tatra prajñā*

*ṛtambharā* trazendo verdade *tatra* lá *prajñā* intelecto

Lá reside o intelecto que conhece apenas a verdade. (48)

श्रुतानुमानप्रज्ञाभ्यामन्यविषया विशे-
षार्थत्वात् ॥४९॥

*śrutānumāna-prajñābhyām anya-viṣayā viśeṣārthatvāt*

*śruta* testemunho verbal *anumāna* inferência *prajñābhyām* que conhecimento *anya* outro, diferente *viṣayā* objeto, alcance de conhecimento *viśeṣa* específico *arthatvāt* a partir do objeto

Porque ele é direcionado a um objeto específico, o alcance do conhecimento obtido em ṛtambharā prajñā é diferente do conhecimento obtido através do testemunho verbal ou da inferência. (49)

तज्जः संस्कारोऽन्यसंस्कारप्रतिबन्धी
॥५०॥

*taj-jaḥ saṁskāro 'nya-saṁskāra-pratibandhī*

*tat* aquele (estado) *jaḥ* surgindo *saṀskāraḥ* impressão *anya* outro *saṁskāra* impressão *pratibandhī* prevenindo, excluindo

A impressão que surge daquele estado previne outras impressões. (50)

तस्यापि निरोधे सर्वनिरोधान्निर्बीजः समाधिः ॥५१॥

*tasyāpi nirodhe sarva-nirodhān nirbījaḥ*
*samādhiḥ*

*tasya* daquele (estado) *api* também *nirodhe* na estabilização *sarva* tudo *nirodhāt* da calma *nirbījaḥ* sem semente, ilimitado *samādhiḥ* pleno despertar, transcendência

No assentamento daquele estado, também, tudo é acalmado, e o que permanece é o despertar ilimitado. (51)

# Sādhana-Pāda

## Capítulo sobre Prática

तपःस्वाध्यायेश्वरप्रणिधानानि क्रियायोगः ॥१॥

*tapaḥ-svādhyāyeśvara-prṇidhānāni kriyā-yogaḥ*

*tapaḥ* abstinência *svādhyāya* estudo do Ser *īśvara* Deus *praṇidhānāni* devoção *kriyā* atividade *yogaḥ* união, integração

*Tapas*, estudo do Ser e devoção a Deus constituem o Yoga da atividade. (1)

समाधिभावनार्थः क्लेशतनूकरणार्थश्च ॥२॥

*samādhi-bhāvanārthaḥ kleśa-tanū-karaṇārthaś ca*

*samādhi* intelecto equilibrado, consciência transcendental *bhāvana* cultivo *arthaḥ* propósito *kleśa* aflição, causa do sofrimento *tanū* fraco *karaṇa* fazer *arthaḥ* propósito ca e

O propósito do yoga da atividade é cultivar *samādhi* e enfraquecer aflições, as causas do sofrimento. (2)

अविद्यास्मितारागद्वेषाभिनिवेशाः क्लेशाः ॥३॥

*avidyāsmitā-rāga-dveṣābhiniveśāḥ kleśāḥ*

*avidyā* ignorância *asmitā* individualidade *rāga* apego *dveṣa* aversão *abhiniveśāḥ* apego à vida *kleśāḥ* aflições, causas do sofrimento

As causas do sofrimento são ignorância, individualidade, apego, aversão e agarrar-se à vida. (3)

अविद्या क्षेत्रमुत्तरेषां प्रसुप्ततनुविच्छिन्नोदाराणाम् ॥४॥

*avidyā kṣetram uttareṣāṁ*
*prasupta-tanu-vicchinnodārāṇām*

*avidyā* ignorância *kṣetram* campo, fonte *uttareṣām* dos outros *prasupta* dormente *tanu* fraco *vicchinna* suspenso *udārāṇām* do ativo

Ignorância é a fonte dos outros, estejam eles dormentes, fracos, suspensos ou ativos. (4)

अनित्याशुचिदुःखानात्मसु
नित्यशुचिसुखात्मख्यातिरविद्या ॥५॥

*anityāśuci-duḥkhānātmasu*
*nitya-śuci-sukhātma-khyātir avidyā*

*anitya* não eterno *aśuci* impuro *duḥkha* sofrimento *anātmasu* no não Ser *nitya* eterno *śuci* puro *sukha* felicidade *ātma* Ser *khyātiḥ* percebendo *avidyā* ignorância

Ignorância é perceber o não-eterno como eterno, o impuro como puro, o sofrimento como felicidade e o não-Ser como Ser. (5)

दृग्दर्शनशक्त्योरेकात्मतेवास्मिता ॥६॥

*dṛg-darśana-śaktyor ekātmatevāsmitā*

*dṛk* vidente *darśana* visto *śaktyoḥ* das capacidades *eka* um *ātmatā* natureza (*ekātmatā* identificação) *iva* como se fosse (por assim dizer) *asmitā* individualidade

Individualidade é identificar, por assim dizer, a capacidade daquele que vê com o visto. (6)

सुखानुशयी रागः ॥७॥

*sukhānuśayī rāgaḥ*

*sukha* prazer *nuśayī* seguir, resultado do *rāgaḥ* apego

Apego é o resultado do prazer. (7)

दुःखानुशयी द्वेषः ॥८॥

*duḥkhānuśayī dveṣaḥ*

*duḥkha* dor *anuśayī* seguir, resultado do *dveṣaḥ* aversão

Aversão é o resultado da dor. (8)

स्वरसवाही विदुषोऽपि

तथारूढोऽभिनिवेशः ॥९॥

*svarasa-vāhī viduṣo 'pi*
*tathā rūḍho 'bhiniveśaḥ*

*svarasa* própria essência *vāhī* fluindo *viduṣaḥ* aprendido, sábio *api* equilibrado *tathā* consequentemente *rūḍhaḥ* surgimento *abhiniveśaḥ* apego à vida

O apego à vida é espontâneo, assim, surgindo até mesmo na pessoa instruída. (9)

ते प्रतिप्रसवहेयाः सूक्ष्माः ॥१०॥

*te pratiprasava-heyāḥ sūkṣmāḥ*

*te* estas (aflições) *pratiprasava* retornando ao estado original *heyāḥ* para ser removido, para ser evitado *sūkṣmāḥ* sutil

Estas aflições, quando sutis, são removidas pelo retorno ao estado original da pessoa. (10)

ध्यानहेयास्तद्वृत्तयः ॥११॥

*dhyāna-heyās tad-vṛttayaḥ*

*dhyāna* meditação *heyāḥ* para ser removido *tat* elas *vṛttayaḥ* ativa, ativadas

Quando ativas, elas são removidas pela meditação. (11)

क्लेशमूलः कर्माशयो
दृष्टादृष्टजन्मवेदनीयः ॥१२॥

*kleśa-mūlaḥ karmāśayo*
*dṛṣṭādṛṣṭa-janma-vedanīyaḥ*

*kleśa* aflição *mūlaḥ* raiz *karma* ação(passada) *āśayaḥ* repositório *dṛṣṭa* visto, presente *adṛṣṭa* não visto, futuro *janma* nascimento, vida *vedanīyaḥ* para ser expresso, para ser conhecido

As aflições estão na raiz do repositório de ação passada, que se torna expressada na vida presente ou futura. (12)

सति मूले तद्विपाको जात्यायुर्भोगाः ॥१३॥

*sati mūle tad-vipāko jāty-āyur-bhogāḥ*

*sati* existente *mūle* na raiz *tat* aquilo (repositório de ação passada) *vipākaḥ* materialização *jāti* nascimento *āyuḥ* vida *bhogāḥ* experiências

Enquanto sua raiz existir, o registro de ação passada gerará mais nascimentos, mais períodos de vidas, mais experiências. (13)

ते ह्लादपरितापफलाः पुण्यापुण्यहेतुत्वात् ॥१४॥

*te hlāda-paritāpa-phalāḥ puṇyāpuṇya-hetutvāt*

*te* estes (nascimentos, períodos de vidas, experiências) *hlāda* prazer *paritāpa* dor *phalāḥ* frutos *puṇya* virtuoso *apuṇya* desvirtuoso *hetutvāt* da causa

Se estes nascimentos são causados por ação virtuosa, eles são prazerosos. Se são causados por ação desvirtuosa, eles são dolorosos. (14)

परिणामतापसंस्कारदुःखैर्गुणवृत्तिवि-
रोधाच्च दुःखमेव सर्वं विवेकिनः ॥१५॥

*pariṇāma-tāpa-saṁskāra-duḥkhair guṇa-vṛtti-virodhāc ca duḥkham eva sarvaṁ vivekinaḥ*

*pariṇāma* transformação, mudança *tāpa* ansiedade *saṁskāra* impressão *duḥkhaiḥ* por sofrimento *guṇa* natureza, qualidade *vṛtti* atividade *virodhāt* pela oposição, pela contradição *ca* e *duḥkham* sofrimento *eva* de fato *sarvam* todos, todo mundo *vivekinaḥ* pessoas que diferenciam

O sofrimento é causado por mudança, ansiedade, impressões e pela oposição à atividade da natureza. Na verdade, as pessoas inteligentes sabem que todos estão sofrendo. (15)

हेयं दुःखमनागतम् ॥१६॥

*heyaṁ duḥkham anāgatam*

*heyam* para ser evitado, para ser abandonado *duḥkham* sofrimento, perigo *anagatam* ainda não surgiu

Evite o perigo que ainda não surgiu. (16)

द्रष्टृदृश्ययोः संयोगो हेयहेतुः ॥१७॥

*draṣṭṛ-dṛśyayoḥ saṁyogo heya-hetuḥ*

*draṣṭṛ* aquele que vê *dṛśyayoḥ* daquilo que é visto *saṁyogaḥ* identificação *heya* para ser evitado *hetuḥ* causa (do perigo)

A causa do perigo a ser evitado é a identificação daquele que vê com o que é visto. (17)

प्रकाशक्रियास्थितिशीलं भूतेन्द्रियात्मकं भोगापवर्गार्थं दृश्यम् ॥१८॥

*prakāśa-kriyā-sthiti-śīlaṁ bhūtendriyātmakaṁ bhogāpa-vargārthaṁ dṛśyam*

*prakāśa* luminosidade *kriyā* atividade *sthiti* inércia *śīlam* qualidade *bhūta* elemento *indriya* sentido *ātmakam* que consiste de *bhoga* experiência *apavarga* liberação *artham* propósito *dṛśyam* visto

O visto—que consiste dos elementos e dos sentidos—tem as qualidades de luminosidade, atividade e inércia. Seu propósito é fornecer experiência que conduza `a libertação. (18)

विशेषाविशेषलिङ्गमात्रालिङ्गानि गुणपर्वाणि ॥१९॥

*viśeṣāviśeṣa-liṅga-mātrāliṅgāni*
*guṇa-parvāṇi*

*viśeṣa* distinto (*mahābhūtas, karmendriyas, jñānendriyas, manas*) *aviśeṣa* indistinto (*tanmātras, ahaṁkāra*) *liṅga* com marca (*buddhi*) *mātra* apenas *aliṅgāni* sem marcas (*prakṛti*) *guṇa* qualidade, natureza *parvāṇi* divisões

As divisões dos guṇas são: distinto, indistinto, com apenas uma marca e sem marcas. (19)

द्रष्टा दृशिमात्रः शुद्धोऽपि प्रत्ययानुपश्यः ॥२०॥

*draṣṭā dṛśi-mātraḥ śuddho 'pi pratyayānupaśyaḥ*

*draṣṭā* aquele que vê *dṛśi* observador *mātraḥ* apenas *śuddhaḥ* puro *api* apesar *pratyaya* inteligência (*buddhi*) *anupaśyaḥ* refletido, percebido

Aquele que vê é um observador apenas. Apesar de puro, aquilo que é visto, é percebido através da inteligência. (20)

## तदर्थ एव दृश्यस्यात्मा ॥२१॥

*tad-artha eva dṛśyasyātmā*

*tat* aquele (aquele que vê) *arthaḥ* propósito *eva* unicamente *dṛśyasya* do visto *ātmā* existência

A existência daquilo que é visto é apenas para realizar o propósito daquele que vê. (21)

## कृतार्थं प्रति नष्टमप्यनष्टं तदन्यसाधारणत्वात् ॥२२॥

*kṛtārthaṁ prati naṣṭam apy anaṣṭaṁ*
*tad-anya-sādhāraṇatvāt*

*kṛta* feito, realizado *artham* propósito *prati* para *naṣṭam* destruído, desaparecido *api* ainda *anaṣṭam* não destruído *tat* ele/ela(visto) *anya* outro *sādhāraṇatvāt* devido ao fato de ser comum a outros

Apesar do que é visto ter desaparecido para aquele cujo propósito é realizado, ainda assim o que é visto não é destruído, pois este é comum a outros. (22)

स्वस्वामिशक्त्योः
स्वरूपोपलब्धिहेतुः संयोगः ॥२३॥

*sva-svāmi-śaktyoḥ svarūpopalabdhi-hetuḥ saṁyogaḥ*

*sva* pertencido, visto *svāmi* proprietário, aquele que vê *śaktyoḥ* das capacidades *svarūpa* própria forma, natureza essencial *upalabdhi* obtido, conhecido *hetuḥ* causa *saṁyogaḥ* identificação

Aquele que vê se identifica com o que é visto a fim de que a natureza essencial de cada um deles possa ser conhecida. (23)

तस्य हेतुरविद्या ॥२४॥

*tasya hetur avidyā*

*tasya* daquilo (identificação) *hetuḥ* causa *avidyā* ignorância

A causa da identificação é a ignorância. (24)

तदभावात्संयोगाभावो हानं तद्दृशेः कैवल्यम् ॥२५॥

*tad-abhāvāt saṁyogābhāvo hānaṁ tad dṛśeḥ kaivalyam*

*tat* aquilo (ignorância) *abhāvāt* a partir da eliminação *saṁyoga* identificação *abhāvaḥ* eliminação *hānam* liberação *tat* aquilo *dṛśeḥ* da visão, da consciência *kaivalyam* singularidade, iluminação

A eliminação da ignorância elimina a identificação. Isso é liberação – singularidade da consciência, kaivalya. (25)

विवेकख्यातिरविप्लवा हानोपायः ॥२६॥

*viveka-khyātir aviplavā hānopāyaḥ*

*viveka* discriminação *khyātiḥ* visão, conhecimento *aviplavā* imperturbável *hāna* liberar *upāyaḥ* significa

O meio de liberação é o conhecimento discriminativo imperturbável. (26)

तस्य सप्तधा प्रान्तभूमिः प्रज्ञा ॥२७॥

*tasya saptadhā prānta-bhūmiḥ prajñā*

*tasya* para isso *saptadhā* sete *prānta* culminando, último *bhūmiḥ* nível, estágio *prajñā* sabedoria, completo pleno despertar

Para isso, há sete estágios, culminando em completo pleno despertar. (27)

योगाङ्गानुष्ठानादशुद्धिक्षये
ज्ञानदीप्तिरा विवेकख्यातेः ॥२८॥

*yogāṅgānuṣṭhānād aśuddhi-kṣaye*
*jñāna-dīptir ā viveka-khyāteḥ*

*yoga* união, integração *aṅga* membro *anuṣṭhānāt* através da prática, através do exercício *aśuddhi* impureza *kṣaye* na destruição *jñāna* conhecimento *dīptiḥ* luz *ā* até *viveka* discriminação *khyāteḥ* do conhecimento, da consciência

Quando a impureza é destruída pela prática dos membros do Yoga, então, a luz do conhecimento leva à consciência discriminativa. (28)

यमनियमासनप्राणायामप्रत्याहारधार-
णाध्यानसमाधयोऽष्टावङ्गानि ॥२९॥

*yama-niyamāsana-prāṇāyāma-pratyāhāra-dhāraṇā-dhyā-na-samādhayo 'ṣṭāv aṅgāni*

*yama* observância *niyama* regra *āsana* postura *prāṇāyāma* regulação de respiração *pratyāhāra* recolhimento *dhāraṇā* firmeza *dhyāna* meditação *samādhayaḥ* intelecto equilibrado, consciência transcendental *aṣṭau* oito *aṅgāni* membros

Os oito membros são observância (*yama*), regra (*niyama*), postura (*āsana*), regulação da respiração (*prāṇāyāma*), recolhimento (*pratyāhāra*), firmeza (*dhāraṇā*), meditação (*dhyāna*) e consciência transcendental (*samādhi*). (29)

अहिंसासत्यास्तेयब्रह्मचर्यापरिग्रहा
यमाः ॥३०॥

*ahiṁsā-satyāsteya-brahmacaryāparigrahā yamāḥ*

*ahiṁsā* não violência *satya* verdade *asteya* não roubo *brahmacarya* celibato *aparigrahāḥ* não desejar possuir *yamāḥ* observâncias

Os *yamas* são não violência (*ahiṁsā*), verdade (*satya*), não roubar (*asteya*), celibato (*brahmacarya*) e não desejar possuir (*aparigraha*). (30)

जातिदेशकालसमयानवच्छिन्नाः
सार्वभौमा महाव्रतम् ॥३१॥

*jāti-deśa-kāla-samayānavacchinnāḥ*
*sārva-bhaumā mahā-vratam*

*jāti* nascimento *deśa* lugar *kāla* tempo *samaya* circunstância *anavacchinnāḥ* não qualificado *sārva* todos *bhaumāḥ* níveis (*sārva-bhaumāḥ* universais) *mahā* grande *vratam* resolução, lei

Essas grandes leis são universais — não qualificadas por nascimento, lugar, época ou circunstância. (31)

शौचसंतोषतपःस्वाध्यायेश्वरप्रणिधा-
नानि नियमाः ॥३२॥

*śauca-saṁtoṣa-tapaḥ-svādhyāyeśvara-praṇidhānāni niyamāḥ*

*śauca* purificação *saṁtoṣa* contentamento *tapaḥ* abstinência, brilho crescente *svādhyāya* autoestudo *īśvara* Deus *praṇidhānāni* devoção *niyamāḥ* regras

Os *niyamas* são purificação (*śauca*), contentamento (*saṁtoṣa*), abstinência (*tapas*), estudo do Ser (*svādhyāya*) e devoção a Deus (*īśvara-praṇidhāna*). (32)

वितर्कबाधने प्रतिपक्षभावनम् ॥३३॥

*vitarka-bādhane pratipakṣa-bhāvanam*

*vitarka* negatividade *bādhane* em remover *pratipakṣa* oposto *bhāvanam* cultivando, produzindo

Para remover negatividade, o oposto deve ser cultivado. (33)

वितर्का हिंसादयः कृतकारितानुमो-
दिता लोभक्रोधमोहपूर्वका मृदुमध्या-
धिमात्रा दुःखाज्ञानानन्तफला इति
प्रतिपक्षभावनम् ॥३४॥

*vitarkā hiṁsādayaḥ kṛta-kāritānumoditā lobha-krodha-moha-pūrvakā mṛdu-madhyādhimātrā duḥkhā-jñānānanta-phalā iti pratipakṣa-bhāvanam*

*vitarkāḥ* negatividade *hiṁsā* violência *ādayaḥ* e assim por diante *kṛta* feito *kārita* fez com que fosse feito *anumoditāḥ* aprovado *lobha* ganância *krodha* raiva *moha* ilusão *pūrvakāḥ* precedeu *mṛdu* leve *madhya* moderado *adhimātrāḥ* intensa *duḥkha* sofrimento *ajñāna* ignorância *ananta* infinita *phalāḥ* frutos *iti* portanto *pratipakṣa* oposto *bhāvanam* cultivando

Negatividade, como injúria e assim por diante — seja feita diretamente, causada ou aprovada — é precedida por ganância, raiva e ilusão. Quer sejam leves, moderadas ou intensas, seus frutos são sofrimento e ignorância intermináveis. Assim, o oposto deve ser cultivado. (34)

अहिंसाप्रतिष्ठायां तत्सन्निधौ वैरत्यागः ॥३५॥

*ahiṁsā-pratiṣṭhāyāṁ tat-sannidhau vaira-tyāgaḥ*

*ahiṁsā* não violência *pratiṣṭhāyām* em estabelecer *tat* aquilo *sannidhau* na proximidade *vaira* inimizade, tendências hostis *tyāgaḥ* eliminação, abandono

Onde a não-violência é estabelecida, na sua proximidade, tendências hostis são eliminadas. (35)

सत्यप्रतिष्ठायां क्रियाफलाश्रयत्वम् ॥३६॥

*satya-pratiṣṭhāyāṁ kriyā-phalāśrayatvam*

*satya* verdade *pratiṣṭhāyām* ao estabelecer *kriyā* atividade *phala* fruto *āśrayatvam* conexão íntima, dependendo de

Quando a verdade é estabelecida, a atividade e seus frutos são intimamente conectados. (36)

अस्तेयप्रतिष्ठायां सर्वरत्नोपस्थानम्

॥३७॥

*asteya-pratiṣṭhāyāṁ sarva-ratnopasthānam*

*asteya* não roubo *pratiṣṭhāyām* ao estabelecer *sarva* todas *ratna* joia, riqueza *upasthānam* se apresentam, aproximação, aparência.

Quando o não roubo é estabelecido, todas as joias se apresentam. (37)

ब्रह्मचर्यप्रतिष्ठायां वीर्यलाभः ॥३८॥

*brahmacarya-pratiṣṭhāyāṁ vīrya-lābhaḥ*

*brahmacarya* celibato *pratiṣṭhāyām* ao estabelecer *vīrya* vigor, força, vitalidade, brilho *lābhaḥ* obtidos

Quando o celibato é estabelecido, vitalidade é obtida. (38)

अपरिग्रहस्थैर्ये जन्मकथंतासम्बोधः

॥३९॥

*aparigraha-sthairye janma-kathaṁtā-saṁbodhaḥ*

*aparigraha* não desejar possuir *sthairye* na perseverança *janma* nascimento, existência *kathaṁtā* o como, o que *saṁbodhaḥ* conhecimento

Quando o não desejar possuir é constante, surge o conhecimento relacionado às questões da existência. (39)

शौचात् स्वाङ्गजुगुप्सा परैरसंसर्गः

॥४०॥

*śaucāt svāṅga-jugupsā parair asaṁsargaḥ*

*śaucāt* da purificação *svāṅga* próprio membro, próprio corpo *jugupsā* desejo de proteger *paraiḥ* com os outros *asaṁsargaḥ* sem contato

Da purificação surge o desejo de proteger o próprio corpo e a ausência de contato com o corpo de outros. (40)

सत्त्वशुद्धिसौमनस्यैकाग्र्येन्द्रियजयात्म - दर्शनयोग्यत्वानि च ॥४१॥

*sattva-śuddhi-saumanasyaikāgryendriya-jayātma-darśana-yogyatvāni ca*

*sattva* intelecto *śuddhi* pureza, clareza *saumanasya* alegria, contentamento, satisfação *eka* um *agrya* direcionamento (*eka-agrya* foco único, unidade de intenção) *indriya* sentido *jaya* maestria *ātma* Ser *darśana* visão, realização *yogyatvāni* preparo *ca* e

Também vêm clareza de intelecto, alegria, foco único, maestria sobre os sentidos e preparo para a realização do Ser. (41)

संतोषादनुत्तमसुखलाभः ॥४२॥

*saṁtoṣād anuttamaḥ sukha-lābhaḥ*

*saṁtoṣāt* do contentamento *anuttamaḥ* insuperável *sukha* felicidade *lābhaḥ* obtenção

Do contentamento, felicidade insuperável é obtida. (42)

कायेन्द्रियसिद्धिरशुद्धिक्षयात् तपसः ॥४३॥

*kāyendriya-siddhir aśuddhi-kṣayāt tapasaḥ*

*kāya* corpo *indriya* sentido *siddhiḥ* perfeição *aśuddhi* impureza *kṣayāt* da destruição, do colapso *tapasaḥ* através da abstenção, através do brilho crescente

Da destruição da impureza por meio de tapas, há perfeição do corpo e dos sentidos. (43)

स्वाध्यायाद् इष्टदेवतासंप्रयोगः ॥४४॥

*svādhyāyād iṣṭa-devatā-saṁprayogaḥ*

*svādhyāyāt* do autoestudo *iṣṭa* desejado *devatā* impulso da natureza *saṁprayogaḥ* união

Do estudo do Ser há união com o impulso da natureza desejado. (44)

समाधिसिद्धिरीश्वरप्रणिधानात् ॥४५॥

*samādhi-siddhir īśvara-praṇidhānāt*

*samādhi* intelecto equilibrado, consciência transcendental *siddhiḥ* perfeição *īśvara* Deus *praṇidhānāt* da devoção

Da devoção a Deus, samādhi é atingido. (45)

स्थिरसुखमासनम् ॥४६॥

*sthira-sukham āsanam*

*sthira* estável *sukham* conforto, prazer *āsanam* postura

Āsana é o conforto estável. (46)

## प्रयत्नशैथिल्यानन्तसमापत्तिभ्याम् ॥४७॥

*prayatna-śaithilyānanta-samāpattibhyām*

*prayatna* esforço, atividade *śaithilya* relaxamento *ananta* ilimitado, infinito *samāpattibhyām* por absorções, por estabilidade sequencial

Āsana se torna perfeita pelo relaxamento do esforço e pelo despertar da ilimitação. (47)

## ततो द्वन्द्वानभिघातः ॥४८॥

*tato dvandvānabhighātaḥ*

*tataḥ* daí *dvandva* pares de opostos (prazer e dor, calor e frio, etc.) *anabhighātaḥ* não perturbação, liberdade

Daí vem a liberdade dos pares de opostos. (48)

तस्मिन्सति श्वासप्रश्वासयोर्गतिविच्छे-
दः प्राणायामः ॥४९॥

*tasmin sati śvāsa-praśvāsayor gati-vicchedaḥ prāṇāyāmaḥ*

*tasmin* nisso *sati* ser *śvāsa* inalação *praśvāsayoḥ* de exalação *gati* movimento *vicchedaḥ* suspensão *prāṇāyāmaḥ* regulação da respiração

Depois de conseguir isso, vem prāṇāyāma — a suspensão do movimento de inalação e exalação. (49)

बाह्याभ्यन्तरस्तम्भवृत्तिर्देशकालसं-
ख्याभिः परिदृष्टो दीर्घसूक्ष्मः ॥५०॥

*bāhyābhyantara-stambha-vṛttir deśa-kāla-saṁkhyābhiḥ paridṛṣṭo dīrgha-sūkṣmaḥ*

*bāhya* externo *abhyantara* interno *stambha* completamente suspenso *vṛttiḥ* atividade *deśa* lugar *kāla* tempo *saṁkhyābhiḥ* por número *paridṛṣṭaḥ* regulado *dīrgha* longo *sūkṣmaḥ* sutil

A atividade da respiração pode ser externa, interna ou completamente suspensa. Quando regulada por lugar, tempo e número, a respiração se torna longa e sutil. (50)

बाह्याभ्यन्तरविषयाक्षेपी चतुर्थः ॥५१॥

*bāhyābhyantara-viṣayākṣepī caturthaḥ*

*bāhya* externo *abhyantara* interno *viṣaya* objeto, domínio *ākṣepī* indo além de *caturthaḥ* quarto

O quarto vai além do domínio do externo e interno. (51)

ततः क्षीयते प्रकाशावरणम् ॥५२॥

*tataḥ kṣīyate prakāśāvaraṇam*

*tataḥ* então *kṣīyate* é destruído, é removido, é diminuído *prakāśa* luz *āvaraṇam* cobertura

Então, a cobertura sobre a luz é removida. (52)

धारणासु च योग्यता मनसः ॥५३॥

*dhāraṇāsu ca yogyatā manasaḥ*

*dhāraṇāsu* na firmeza *ca* e *yogyatā* preparo, habilidade *manasaḥ* da mente

E a mente se torna preparada para a firmeza (dhāraṇā). (53)

स्वविषयासंप्रयोगे चित्तस्वरूपानुकार इवेन्द्रियाणां प्रत्याहारः ॥५४॥

*svaviṣayāsaṁprayoge cittasya svarūpānukāra ivendriyāṇāṁ pratyāhāraḥ*

*svaviṣaya* próprio objeto *asaṁprayoge* em não contato *cittasya* da mente *svarūpa* natureza essencial *anukāra* seguindo *iva* por assim dizer *indriyāṇām* dos sentidos *pratyāhāraḥ* recolhimento (dos sentidos de seus objetos)

Quando não há contato com seus objetos, os sentidos seguem, por assim dizer, a natureza essencial da mente. Isso é recolhimento (*pratyāhāra*). (54)

ततः परमा वश्यतेन्द्रियाणाम् ॥५५॥

*tataḥ paramā vaśyatendriyāṇām*

*tataḥ* desse (*pratyāhāra*) *paramā* supremo, mais elevado *vaśyatā* o estado de estar sob controle, maestria *indriyāṇām* dos sentidos

De pratyāhāra, a maestria sobre os sentidos é suprema. (55)

# Vibhūti-Pāda

## Capítulo sobre Habilidades Especiais

देशबन्धश्चित्तस्य धारणा ॥१॥

*deśa-bandhaś cittasya dhāraṇā*

*deśa* lugar, ponto *bandhaḥ* fixidez, foco, firmeza *cittasya* da mente, da atenção *dhāraṇā* firmeza

Dhāraṇā é a atenção mantida firme em um único ponto. (1)

तत्र प्रत्ययैकतानता ध्यानम् ॥२॥

*tatra pratyayaika-tānatā dhyānam*

*tatra* lá pratyaya atenção, consciência *eka* um *tānatā* estado de estar sendo dirigido, extensão, refinamento (*eka-tānatā* continuum) *dhyānam* meditação

Dhyāna é o fluxo contínuo de consciência naquele ponto. (2)

तदेवार्थमात्रनिर्भासं स्वरूपशून्यमिव समाधिः ॥३॥

*tad evārtha-mātra-nirbhāsaṁ svarūpa-śūnyam iva samādhiḥ*

*tat* aquele (objeto) *eva* de fato, verdadeiramente *artha* objetivo, propósito, uso *mātra* apenas, por si mesmo *nirbhāsam* brilhando com, aparecendo *svarūpa* própria natureza *śūnyam* desprovido *iva* como se *samādhiḥ* transcendência, intelecto equilibrado.

Samādhi é quando aquele objeto se torna como se estivesse desprovido de sua própria natureza e a consciência aparece por si mesma. (3)

त्रयमेकत्र संयमः ॥४॥

*trayam ekatra saṁyamaḥ*

*trayam* três (*dhāraṇā, dhyāna e samādhi*) *ekatra* em um, juntos *saṁyamaḥ* colocando ou tomando juntos

Os três tomados juntos são saṁyama. (4)

तज्जयात्प्रज्ञालोकः ॥५॥

*taj-jayāt prajñālokaḥ*

*tat* aquele, aquilo (*saṁyama*) *jayāt* através da maestria *prajñā* completo pleno despertar *ālokaḥ* esplendor

Através da maestria de *saṁyama*, surge o esplendor do completo pleno despertar. (5)

तस्य भूमिषु विनियोगः ॥६॥

*tasya bhūmiṣu viniyogaḥ*

*tasya* daquele (*saṁyama*) *bhūmiṣu* em estágios *viniyogaḥ* aplicação

A aplicação de saṁyama acontece em estágios. (6)

त्रयमन्तरङ्गं पूर्वेभ्यः ॥७॥

*trayam antar-aṅgaṁ pūrvebhyaḥ*

*trayam* três (*dhāraṇā, dhyāna* e *samādhi*) *antaḥ* interior, interno *aṅgam* membro *pūrvebhyaḥ* do prévio

Dhāraṇā, *dhyāna e samādhi* são membros internos, em comparação com os anteriores. (7)

तदपि बहिरङ्गं निर्बीजस्य ॥८॥

*tad api bahir-aṅgaṁ nirbījasya*

*tat* aquilo, aquele (*saṁyama*) *api* equilibrado, também *bahiḥ* exterior, externo *aṅgam* membro *nirbījasya* do sem sementes, da consciência ilimitada

Até mesmo *saṁyama* é um membro externo da consciência ilimitada. (8)

व्युत्थाननिरोधसंस्कारयोरभिभवप्रादुर्भावौ
निरोधक्षणचित्तान्वयो निरोधपरिणामः
॥९॥

*vyutthāna-nirodha-saṁskārayor abhibhava-prādurbhāvau nirodha-kṣaṇa-cittānvayo nirodha-pariṇāmaḥ*

*vyutthāna* manifesto *nirodha* contido *saṁskārayoḥ* entre as impressões *abhibhava* desaparecimento *prādurbhāvau* aparência *nirodha* cessação, completo assentamento *kṣaṇa* momento *citta* mente *anvayaḥ* ponto de junção, conjunção *nirodha* assentamento, cessação *pariṇāmaḥ* transformação, modificação

A transformação nirodha da mente está no ponto de junção — o momento de completo assentamento entre o desaparecimento das impressões manifestas e o aparecimento das impressões retidas. (9)

तस्य प्रशान्तवाहिता संस्कारात् ॥१०॥

*tasya praśānta-vāhitā saṁskārāt*

*tasya* daquilo (assentamento) *praśānta* calma *vāhitā* fluxo, continuum *saṁskārāt* através de impressão, experiência repetida

Através da experiência repetida de assentamento, desenvolve-se um continuum de calma. (10)

सर्वार्थतैकाग्रतयोः क्षयोदयौ चित्तस्य समाधिपरिणामः ॥११॥

*sarvārthataikāgratayoḥ kṣayodayau cittasya samādhi-pariṇāmaḥ*

*sarva* todo, diversificado *arthatā* objetividade, diversidade *ekāgratayoḥ* de consciência unificada, foco unificado *kṣaya* colapso *udayau* no surgimento *cittasya* da mente *samādhi* intelecto equilibrado, consciência transcendental *pariṇāmaḥ* transformação, modificação

A transformação *samādhi* da mente está no colapso da consciência diversificada e no surgimento da consciência unificada. (11)

ततः पुनः शान्तोदितौ तुल्यप्रत्ययौ
चित्तस्यैकाग्रतापरिणामः ॥१२॥

*tataḥ punaḥ śāntoditau tulya-pratyayau*
*cittasyaikāgratā-pariṇāmaḥ*

*tataḥ* então *punaḥ* novamente *śānta* assentado, diminuído, *uditau* ascendido *tulya* mesmo, igual *pratyayau* estados *cittasya* da mente *ekāgratā* consciência unificada, foco unificado *pariṇāmaḥ* transformação

Então, novamente vem o foco unificado, a transformação de *ekāgratā* da mente, na qual estados de ascensão e assentamento da mente são a mesma coisa. (12)

एतेन भूतेन्द्रियेषुधर्मलक्षणावस्थापरि-
णामा व्याख्याताः ॥१३॥

*etena bhūtendriyeṣu dharma-lakṣaṇāvasthā-pariṇāmā vyākhyātāḥ*

*etena* por isto *bhūta* elemento (criação objetiva) *indriyeṣu* nos sentidos (criação subjetiva) *dharma* característica *lakṣaṇa* qualidade temporal *avasthā* estado *pariṇāmāḥ* modificações, transformações *vyākhyātāḥ* explicado

Assim são explicadas as transformações das características, qualidades temporais e estados em toda criação objetiva e subjetiva. (13)

शान्तोदिताव्यपदेश्यधर्मानुपाती धर्मी
॥१४॥

*śāntoditāvyapadeśya-dharmānupātī dharmī*

*śānta* diminuído (passado) *udita* ascendido (presente) *avyapadeśya* indefinido (futuro) *dharma* característica *anupātī* sucessão, sequência *dharmī* portador de características, objeto

Um objeto se revela como uma sucessão de características passadas, presentes e futuras. (14)

क्रमान्यत्वं परिणामान्यत्वे हेतुः ॥१५॥

*kramānyatvaṁ pariṇāmānyatve hetuḥ*

*krama* sequência *anyatvam* diferença, mudança *pariṇāma* modificação, transformação *anyatve* em uma diferença, em uma mudança *hetuḥ* causa

Uma mudança na sequência causa uma mudança nas transformações. (15)

परिणामत्रयसंयमादतीतानागतज्ञानम्

॥१६॥

*pariṇāma-traya-saṁyamād-atītānāgata-jñānam*

*pariṇāma* modificação, transformação *traya* três saṁyamāt da união, da percepção unificada *atīta* passado *anāgata* futuro *jñānam* conhecimento

Através de *saṁyama* nas três transformações vem o conhecimento do passado e do futuro. (16)

शब्दार्थप्रत्ययानामितरेतराध्यासात्
सङ्करस्तत्प्रविभागसंयमात्सर्वभूतरुत-
ज्ञानम् ॥१७॥

*śabdārtha-pratyayānām itaretarādhyāsāt saṁkaras tat-pravibhāga-saṁyamāt sarva-bhūta-ruta-jñānam*

*śabda* som *artha* object *pratyayānām* de ideias *itara* outro(a) *itara* outro (a) *adhyāsāt* da sobreposição *saṁkaraḥ* confusão *tat* aquele (a) (nome, forma e ideia) *pravibhāga* distinção *saṁyamāt* da consciência unificada *sarva* todos *bhūta* seres vivos *ruta* som *jñānam* conhecimento

A confusão surge da sobreposição de som, objeto e ideia um sobre o outro. Através de *saṁyama* na distinção destes, vem o conhecimento do som de todos os seres vivos. (17)

संस्कारसाक्षात्करणात्पूर्वजातिज्ञानम्
॥१८॥

*saṁskāra-sākṣāt-karaṇāt pūrva-jāti-jñānam*

*saṁskāra* impressão *sākṣāt* diante dos olhos *karaṇāt* de fazer (*sākṣāt-karaṇāt* de colocar diante dos olhos, da percepção) *pūrva* prévio *jāti* nascimento *jñānam* conhecimento

Da percepção das impressões, vem o conhecimento de nascimentos anteriores. (18)

प्रत्ययस्य परचित्तज्ञानम् ॥१९॥

*pratyayasya para-citta-jñānam*

*pratyayasya* de um impulso mental, de atenção *para* outro (a) *citta* mente *jñānam* conhecimento

De um impulso mental, vem o conhecimento da mente de outra pessoa. (19)

न च तत्सालम्बनं तस्याविषयीभूत-
त्वात् ॥२०॥

*na ca tat sālambanaṁ tasyāviṣayī-bhūtatvāt*

*na* não *ca* e, mas *tat* aquele (conhecimento) *sa* com, incluindo *ālambanam* suporte, base, causa *tasya* disso (a mente de outro) *aviṣayī* nenhum objeto (de percepção) *bhūtatvāt* porque há, de haver

Mas esse conhecimento não inclui a causa dos pensamentos de outra pessoa, porque não é possível saber seu objeto de percepção. (20)

कायरूपसंयमात्तद्ग्राह्यशक्तिस्तम्भे
चक्षुःप्रकाशासंप्रयोगेऽन्तर्धानम् ॥२१॥

*kāya-rūpa-saṁyamāt tad-grāhya-śakti-stambhe*
*cakṣuḥ-prakāśāsaṁprayoge 'ntar-dhānam*

*kāya* corpo *rūpa* forma *saṁyamāt* através da consciência unificada *tat* aquela (a forma do corpo) *grāhya* para ser compreendido, para ser percebido *śakti* habilidade, capacidade *stambhe* interrupção *cakṣuḥ* olho *prakāśa* aparência, iluminação, luz *asaṁprayoge* sem contato *antaḥ-dhānam* invisibilidade

Através de *saṁyama* na forma do corpo — quando a capacidade de perceber essa forma é interrompida e não há contato de sua luz com o olho — adquire-se invisibilidade. (21)

सोपक्रमं निरुपक्रमं च कर्म तत्संयमादपरान्तज्ञानमरिष्टेभ्यो वा ॥२२॥

*sopakramaṁ nirupakramaṁ ca karma*
*tat-saṁyamād aparānta-jñānam ariṣṭebhyo vā*

*sopakramam* abordagem (rapidamente) *nirupakramam* sem abordagem (vagarosamente) *ca e karma* ação, fruto da ação *tat* aquele (a) *saṁyamāt* da consciência unificada *aparānta* o fim distante (morte) *jñānam* conhecimento *ariṣṭebhyaḥ* de premonições *vā* ou

Karma retorna tanto rapidamente, quanto lentamente. Através de *saṁyama* nisto, ou de premonições, vem o conhecimento da morte. (22)

मैत्र्यादिषु बलानि ॥२३॥

*maitry-ādiṣu balāni*

*maitrī* amizade *ādiṣu* e assim por diante *balāni* forças

Através de *saṁyama* em amizade, e assim por diante, estas qualidades são fortalecidas. (23)

## बलेषु हस्तिबलादीनि ॥२४॥

*baleṣu hasti-balādīni*

*baleṣu* nas forças *hasti* elefante *bala* força *ādīni* e assim por diante

A força de um elefante, e de outros animais, é obtida através de *saṁyama* nestas forças. (24)

## प्रवृत्त्यालोकन्यासात्सूक्ष्मव्यवहितविप्रकृष्ट ज्ञानम् ॥२५॥

*pravṛtty-āloka-nyāsāt sūkṣma-vyavahita-viprakṛṣṭa-jñānam*

*pravṛtti* aparecer repentinamente, aparência, manifestação *āloka* luz interior, visão interior *nyāsāt* de dirigir, de aplicar, de trazer à luz *sūkṣma* sutil *vyavahita* escondido *viprakṛṣṭa* distante *jñānam* conhecimento

O conhecimento daquilo que é sutil, escondido ou distante é adquirido ao se permitir que a luz interior se manifeste. (25)

## भुवनज्ञानं सूर्ये संयमात् ॥२६॥

*bhuvana-jñānaṁ sūrye saṁyamāt*

*bhuvana* universo, cosmos *jñānam* conhecimento *sūrye* no sol *saṁyamāt* através consciência unificada

Através de *saṁyama* no sol, vem o conhecimento das regiões cósmicas. (26)

## चन्द्रे ताराव्यूहज्ञानम् ॥२७॥

*candre tārā-vyūha-jñānam*

*candre* na lua *tārā* estrela *vyūha* arranjo *jñānam* conhecimento

Através de saṁyama na lua vem o conhecimento do arranjo das estrelas. (27)

## ध्रुवे तद्गतिज्ञानम् ॥२८॥

*dhruve tad-gati-jñānam*

*dhruve* na estrela polar (Polaris) *tat* aquilo (as estrelas) *gati* movimento *jñānam* conhecimento

Através de *saṁyama* na estrela polar, vem o conhecimento do movimento das estrelas. (28)

## नाभिचक्रे कायव्यूहज्ञानम् ॥२९॥

*nābhi-cakre kāya-vyūha-jñānam*

*nābhi* umbigo *cakre* no centro, no plexo *kāya* corpo *vyūha* sistema, disposição, estrutura *jñānam* conhecimento

Através de *saṁyama* no plexo do umbigo, vem o conhecimento dos sistemas corporais. (29)

कण्ठकूपे क्षुत्पिपासानिवृत्तिः ॥३०॥

*kaṇṭha-kūpe kṣut-pipāsā-nivṛttiḥ*

*kaṇṭha* garganta *kūpe* no vazio *kṣut* fome *pipāsā* sede *nivṛttiḥ* vencido

Através de *saṁyama* no vazio da garganta, fome e sede são dominados. (30)

कूर्मनाड्यां स्थैर्यम् ॥३१॥

*kūrma-nāḍyāṁ sthairyam*

*kūrma* tartaruga, tubo bronquial, traqueia *nāḍyām* no tubo *sthairyam* calma, estabilidade

Através de saṁyama no tubo bronquial, adquire-se calma. (31)

मूर्धज्योतिषि सिद्धदर्शनम् ॥३२॥

*mūrdha-jyotiṣi siddha-darśanam*

*mūrdha* cabeça *jyotiṣi* na luz *siddha* ser perfeito *darśanam* visão

Através de saṁyama na luz na cabeça, vem a visão de seres perfeitos. (32)

प्रातिभाद्वा सर्वम् ॥३३॥

*prātibhād vā sarvam*

*prātibhāt* através da intuição *vā* ou *sarvam* tudo

Ou através da intuição, tudo pode ser conhecido. (33)

हृदये चित्तसंवित् ॥३४॥

*hṛdaye citta-saṁvit*

*hṛdaye* no coração *citta* mente *saṁvit* conhecimento, compreensão

Através de *saṁyama* no coração, vem a compreensão da mente. (34)

सत्त्वपुरुषयोरत्यन्तासंकीर्णयोः
प्रत्ययाविशेषो भोगः
परार्थत्वात्स्वार्थसंयमात्पुरुषज्ञानम्
॥३५॥

*sattva-puruṣayor atyantāsaṁkīrṇayoḥ*
*pratyayāviśeṣo bhogaḥ*
*parārthatvāt svārtha-saṁyamāt puruṣa-jñānam*

*sattva* intelecto (*buddhi*) *puruṣayoḥ* entre o Ser (*puruṣa*) *atyanta* absoluto *asaṁkīrṇayoḥ* entre o não misturado *pratyaya* experiência *aviśeṣaḥ* sem distinção *bhogaḥ* apreciação exterior *para* outro (*puruṣa*) *arthatvāt* do propósito sva próprio *artha* propósito *saṁyamāt* através da consciência unificada *puruṣa* Ser *jñānam* conhecimento

A apreciação exterior não faz distinção entre a experiência de *buddhi e puruṣa*—que são absolutamente distintos, porque *buddhi* é direcionado para o outro e *puruṣa* é direcionado para si mesmo. Através de *saṁyama* na distinção entre *buddhi* e *puruṣa*, vem o conhecimento de *puruṣa*. (35)

ततः प्रातिभश्रावणवेदनादर्शास्वाद-
वार्ता जायन्ते ॥३६॥

*tataḥ prātibha-śrāvaṇa-vedanādarśāsvāda-vārtā jāyante*

*tataḥ* à partir disso (conhecimento de *puruṣa*) *prātibha* intuição *śrāvaṇa* audição *vedanā* toque, tato *ādarśa* ver, visão *āsvāda* paladar *vārtāḥ* olfato *jāyante* nascem, surgem

Do conhecimento de puruṣa surge a intuição e a audição, o tato, a visão, o paladar e o olfato refinados. (36)

ते समाधावुपसर्गा व्युत्थाने सिद्धयः
॥३७॥

*te samādhāv upasargā vyutthāne siddhayaḥ*

*te* estes *samādhau* em transcendência *upasargāḥ* secundário *vyutthāne* em atividade, em despertar *siddhayaḥ* perfeições, realizações, provas, poderes sobrenaturais

Estas são provas do despertar e, ainda assim, são secundárias em *samādhi*. (37)

बन्धकारणशैथिल्यात्प्रचारसंवेदनाच्च
चित्तस्य परशरीरावेशः ॥३८॥

*bandha-kāraṇa-śaithilyāt pracāra-saṁvedanāc ca cittasya para-śarīrāveśaḥ*

*bandha* escravidão dos sentidos *kāraṇa* causa *śaithilyāt* através do alívio *pracāra* movimento, manifestação *saṁvedanāt* através da percepção *ca* e *cittasya* da mente *para* outro *śarīra* corpo *āveśaḥ* entrar

Através do alívio da causa da escravidão dos sentidos e pela percepção dos movimentos da mente, é possível entrar no corpo de outra pessoa. (38)

उदानजयाज्जलपङ्ककण्टकादिष्वसङ्ग

उत्क्रान्तिश्च ॥३९॥

*udāna-jayāj jala-paãka-kaṭ akādiṣv asaṅga*
*utkrāntiś ca*

*udāna* respiração ascendente (responsável pela fala, memória, etc.) *jayāt* através do domínio/maestria *jala* água *paãka* lama *kaṇṭaka* espinho *ādiṣu* e assim por diante *asaṅgaḥ* sem contato *utkrāntiḥ* ascendente ca e

Através da maestria sobre a respiração ascendente, *udāna*, vem a libertação do contato com água, lama, espinhos, etc., e a habilidade de elevar-se. (39)

समानजयाज्ज्वलनम् ॥४०॥

*samāna-jayāj jvalanam*

*samāna* respiração equilibrada (responsável pela digestão, etc.) *jayāt* através do domínio/maestria *jvalanam* esplendor, radiância

Através da maestria sobre a respiração equilibradora, *samāna*, esplendor é obtido. (40)

श्रोत्राकाशयोः सम्बन्धसंयमाद्दिव्यं श्रोत्रम् ॥४१॥

*śrotrākāśayoḥ saṁbandha-saṁyamād divyaṁ śrotram*

*śrotra* ouvido, audição *ākāśayoḥ* espaço entre *saṁbandha* relacionamento, conexão *saṁyamāt* através da consciência/ percepção unificada *divyam* divino *śrotram* ouvido, audição

Através de *saṁyama* no relacionamento entre audição e *ākāśa*, audição divina é obtida. (41)

कायाकाशयोः सम्बन्धसंयमाल्लघुतूल - समापत्तेश्चाकाशगमनम् ॥४२॥

*kāyākāśayoḥ saṁbandha-saṁyamāl laghu-tūla-samāpatteś cākāśa-gamanam*

*kāya* corpo *ākāśayoḥ* espaço entre *saṁbandha* relacionamento *saṁyamāt* através da consciência unificada *laghu* leveza *tūla* fibra de algodão *samāpatteḥ* através da absorção *ca* e *ākāśa* espaço *gamanam* movimento

Através de *saṁyama* no relacionamento entre o corpo e *ākāśa* e por meio da absorção na leveza da fibra de algodão, o movimento através do espaço é obtido. (42)

बहिरकल्पिता वृत्तिर्महाविदेहा ततः

प्रकाशावरणक्षयः ॥४३॥

*bahir akalpitā vṛttir mahā-videhā tataḥ*
*prakāśāvaraṇa-kṣayaḥ*

*bahiḥ* externo *akalpitā* inimaginado *vṛttiḥ* atividade mental *mahā* grande *videhā* estado sem corpo *tataḥ* através disso *prakāśa* luz interior *āvaraṇa* cobertura *kṣayaḥ* dissolvida

A atividade mental que é externa ao corpo, e inimaginada, é chamada de "grande estado sem corpo". Através dela, a cobertura sobre a luz interior é dissolvida. (43)

# स्थूलस्वरूपसूक्ष्मान्वयार्थवत्त्व - संयमाद्भूतजयः ॥४४॥

*sthūla-svarūpa-sūkṣmānvayārthavattva-*
*saṁyamād bhūta-jayaḥ*

*sthūla* forma grosseira (terra, água, fogo, ar, espaço) *svarūpa* essência (rigidez, liquidez, calor, mobilidade, onipresença) *sūkṣma* forma sutil (cheiro, gosto, forma, textura, som) *anvaya* conexão, associação, relacionamento (*sāttvika, rājasika, tāmasika*) *arthavattva* intencionalidade (em direção a ou para longe de *kaivalya*) *saṁyamāt* através da consciência/percepção unificada *bhūta* elemento *jayaḥ* maestria/domínio

A maestria sobre os elementos é obtida através de saṁyama na forma grosseira, essência, forma sutil, conectividade e intencionalidade de um objeto. (44)

ततोऽणिमादिप्रादुर्भावः
कायसंपत्तद्धर्मानभिघातश्च ॥४५॥

*tato 'ṇimādi-prādurbhāvaḥ*
*kāya-saṁpat tad-dharmānabhighātaś ca*

*tataḥ* a partir disso (maestria/domínio) *aṇima* minúcia *ādi* e assim por diante *prādurbhāvaḥ* que apareceu, manifestação *kāya* corpo *saṁpat* perfeição *tat* aquele (corpo) *dharma* característica *anabhighātaḥ* indestrutibilidade ca e

Desta surge a habilidade de se tornar diminuto e outras coisas mais, perfeição do corpo e indestrutibilidade de suas características. (45)

रूपलावण्यबलवज्रसंहननत्वानि
कायसम्पत् ॥४६॥

*rūpa-lāvaṇya-bala-vajra-saṁhananatvāni*
*kāya-saṁpat*

*rūpa* forma bonita, beleza *lāvaṇya* graça *bala* força *vajra* diamante, raio *saṁhananatvāni* firmeza, força, compacidade *kāya* corpo *saṁpat* perfeição

A perfeição do corpo consiste em beleza, graça, força e dureza adamantina. (46)

ग्रहणस्वरूपास्मितान्वयार्थवत्त्वसंय-
मादिन्द्रियजयः ॥४७॥

*grahaṇa-svarūpāsmitānvayārthavattva-saṁyamād indriya-jayaḥ*

*grahaṇa* compreensão, capacidade de perceber *svarūpa* própria forma, essência *asmitā* individualidade *anvaya* conexão *arthavattva* intencionalidade, determinação, propósito *saṁyamāt* através da consciência/percepção unificada *indriya* sentido *jayaḥ* maestria/domínio

A maestria sobre os sentidos é obtida através de *saṁyama*, na habilidade deles perceberem sua essência, individualidade, conectividade e propósito. (47)

ततो मनोजवित्वं विकरणभावः प्र-
धानजयश्च ॥४८॥

*tato mano-javitvaṁ vikaraṇa-bhāvaḥ*
*pradhāna-jayaś ca*

*tataḥ* disso/daquilo (maestria/domínio) *manaḥ* mente *javitvam* rapidez *vikaraṇa* sem instrumento, sem uma estrutura física *bhāvaḥ* ser, existência *pradhāna* fonte, natureza *jayaḥ* maestria/domínio *ca* e

Desta vem o movimento tão rápido quanto a mente, a existência sem uma estrutura física e a maestria sobre a natureza. (48)

सत्त्वपुरुषान्यताख्यातिमात्रस्य सर्व-
भावाधिष्ठातृत्वं सर्वज्ञातृत्वं च ॥४९॥

*sattva-puruṣānyatā-khyāti-mātrasya*
*sarva-bhāvādhiṣṭhātṛtvaṁ sarva-jñātṛtvaṁ ca*

*sattva* intelecto (*buddhi*) *puruṣa* Ser *anyatā* distinção *khyāti* percepção *mātrasya* apenas, unicamente *sarva* todos *bhāva* existência *adhiṣṭhātṛtvam* supremacia *sarva* todos *jñātṛtvam* saber *ca* e

Somente da percepção da distinção entre *buddhi* e *puruṣa*, vem a onisciência e a supremacia sobre tudo o que existe. (49)

तद्वैराग्यादपि दोषबीजक्षये कैवल्यम्
॥५०॥

*tad-vairāgyād api doṣa-bīja-kṣaye kaivalyam*

*tat* aquilo (onisciência e supremacia) *vairāgyāt* através do não apego *api* equilibrado *doṣa* sofrimento, defeito, deficiência, desequilíbrio *bīja* semente, fonte *kṣaye* no colapso, *kaivalyam* singularidade, iluminação

Através do desapego até mesmo a isso — quando a fonte do desequilíbrio colapsou — há singularidade, *kaivalya*. (50)

स्थान्युपनिमन्त्रणे सङ्गस्मयाकरणं
पुनरनिष्टप्रसङ्गात् ॥५१॥

*sthāny-upanimantraṇe saṅga-smayākaraṇaṁ*
*punar aniṣṭa-prasaṅgāt*

*sthāni* bem estabelecido, ser celestial *upanimantraṇe* no convite *saṅga* apego *smaya* orgulho *akaraṇam* sem causa *punaḥ* novamente *aniṣṭa* indesejável *prasaṅgāt* devido à ocorrência de uma possibilidade

Não há motivo para apego ou orgulho ao convite daqueles que estão bem estabelecidos, porque o indesejável pode ocorrer novamente. (51)

क्षणतत्क्रमयोः संयमाद्विवेकजं ज्ञानम्
॥५२॥

*kṣaṇa-tat-kramayoḥ saṁyamād vivekajaṁ jñānam*

*kṣaṇa* momento *tat* isto *kramayoḥ* nas sequências *saṁyamāt* através da consciência/percepção unificada *vivekajam* discriminação – nascida *jñānam* conhecimento

Através de *saṁyama* em um momento e sua sequência, conhecimento discriminativo nasce. (52)

जातिलक्षणदेशैरन्यतानवच्छेदात् तु-
ल्ययोस्ततः प्रतिपत्तिः ॥५३॥

*jāti-lakṣaṇa-deśair anyatānavacchedāt tulyayos tataḥ prati-pattiḥ*

*jāti* espécies *lakṣaṇa* característica, aparência temporal *deśaiḥ* por posição *anyatā* diferença, distinção *anavacchedāt* de nenhuma separação *tulyayoḥ* de dois semelhantes *tataḥ* então *pratipattiḥ* habilidade para discriminar

Em seguida, vem a capacidade de discriminar entre objetos que parecem semelhantes — indistinguíveis por espécie, característica ou posição. (53)

तारकं सर्वविषयं सर्वथाविषयम् अक्रमं चेति विवेकजं ज्ञानम् ॥५४॥

*tārakaṁ sarva-viṣayaṁ sarvathā-viṣayam akramaṁ*
*ceti vivekajaṁ jñānam*

*tārakam* liberador *sarva* todos/tudo *viṣayam* objeto *sarvathā* todos os tempos *viṣayam* objeto *akramam* sem sequência, holístico *ca* e *iti* consequentemente *vivekajam* discriminação-nascida *jñānam* conhecimento

Este conhecimento, nascido da discriminação, é liberador e holístico — inclui todos os objetos e todos os tempos. (54)

सत्त्वपुरुषयोः शुद्धिसाम्ये कैवल्यमिति ॥५५॥

*sattva-puruṣayoḥ śuddhi-sāmye kaivalyam*

*sattva* intelecto (*buddhi*) *puruṣayoḥ* do Ser *śuddhi* pureza *sāmye* em igualdade *kaivalyam* singularidade, iluminação

Quando buddhi torna-se tão puro quanto *puruṣa*, a iluminação alvorece. (55)

# Kaivalya-Pāda

## Capítulo sobre Iluminação

## जन्मौषधिमन्त्रतपःसमाधिजाः सिद्धयः ॥१॥

*janmauṣadhi-mantra-tapaḥ-samādhi-jāḥ siddhayaḥ*

*janma* nascimento *auṣadhi* ervas *mantra* instrumento de pensamento *tapaḥ* abstinência, purificação *samādhi* transcendência *jāḥ* nascer, surgir *siddhayaḥ* perfeições, realizações

Os Siddhis vêm através do nascimento, ou através de ervas, mantra, tapas ou samādhi. (1)

## जात्यन्तरपरिणामः प्रकृत्यापूरात् ॥२॥

*jāty-antara-pariṇāmaḥ prakṛty-āpūrāt*

*jāti* forma de existência *antara* outro *pariṇāmaḥ* transformação *prakṛti* natureza *āpūrāt* da abundância, do preenchimento

A transformação em outra forma de existência vem da abundância da natureza. (2)

निमित्तमप्रयोजकं प्रकृतीनां वरणभेदस्तु ततः क्षेत्रिकवत् ॥३॥

*nimittam aprayojakaṁ prakṛtīnāṁ varaṇa-bhedas tu tataḥ kṣetrikavat*

*nimittam* causa aparente, causa eficiente *aprayojakam* não é a causa *prakṛtīnām* de mudanças naturais *varaṇa* cercando, obstáculo *bhedaḥ* remoção *tu* mas *tataḥ* neste *kṣetrikavat* como um fazendeiro (que canaliza água para as plantações ao remover barreiras)

A causa aparente da mudança natural não é a causa real, mas sim a remoção de um obstáculo. Neste aspecto, é como um fazendeiro que canaliza água para as plantações ao remover barreiras. (3)

निर्माणचित्तान्यस्मितामात्रात् ॥४॥

*nirmāṇa-cittāny asmitā-mātrāt*

*nirmāṇa* criando *cittāni* mentes *asmitā* individualidade *mātrāt* unicamente

As mentes são criadas, exclusivamente, a partir da individualidade. (4)

प्रवृत्तिभेदे प्रयोजकं
चित्तमेकमनेकेषाम् ॥५॥

*pravṛtti-bhede prayojakaṁ cittam ekam anekeṣām*

*pravṛtti* atividade *bhede* em diversos *prayojakam* causa *cittam* mente *ekam* um/uma *anekeṣām* de muitas (mentes)

A mente única é a causa de muitas mentes engajadas em diversas atividades. (5)

तत्र ध्यानजमनाशयम् ॥६॥

*tatra dhyāna-jam anāśayam*

*tatra* lá, destas (mentes) *dhyāna* meditação *jam* produzido, nascido *anāśayam* livre de impressões

Dessas mentes, aquela produzida por meio da meditação está livre de impressões. (6)

योगिनस्त्रिविधमितरेषाम् ॥७॥

*karmāśuklākṛṣṇaṁ yoginas tri-vidham itareṣām*

*karma* ação *aśukla* não é branco *akṛṣṇam* não é preto *yoginaḥ* de um yogi *tri-vidham* triplo, de três tipos *itareṣām* de outros

A ação de um yogi não é branca nem preta, enquanto as de outros é tripla. (7)

ततस्तद्विपाकानुगुणानाम्
एवाभिव्यक्तिर्वासनानाम् ॥८॥

*tatas tad-vipākānuguṇānām*
*evābhivyaktir vāsanānām*

*tataḥ* daquela (ação) *tat* aquela (ação) *vipāka* fruto *anuguṇānām* de qualidades similares *eva* exatamente, muito *abhivyaktiḥ* criação, manifestação *vāsanānām* de impressões mentais

A ação cria impressões mentais que têm qualidades muito semelhantes ao fruto dessa ação. (8)

जातिदेशकालव्यवहितानामप्यानन्तर्यं
स्मृतिसंस्कारयोरेकरूपत्वात् ॥९॥

*jāti-deśa-kāla-vyavahitānām apy ānantaryaṁ*
*smṛti-saṁskārayor eka-rūpatvāt*

*jāti* nascimento *deśa* lugar *kāla* tempo *vyavahitānām* separado, escondido *api* mesmo *ānantaryam* relação sucessiva *smṛti* memória *saṁskārayoḥ* de impressões *eka* um *rūpatvāt* a partir da forma (*eka-rūpatvāt* a partir da uniformidade)

Por causa da uniformidade de memória e impressão, uma ação e suas impressões mentais estão relacionadas, mesmo quando separadas por nascimento, lugar e tempo. (9)

तासामनादित्वं चाशिषो नित्यत्वात्
॥१०॥

*tāsām anāditvaṁ cāśiṣo nityatvāt*

*tāsām* daquelas (impressões) *anāditvam* sem começo *ca* e *āśiṣaḥ* de desejo *nityatvāt* por causa da natureza perpétua

E aquelas impressões são sem começo por causa da natureza eterna do desejo. (10)

हेतुफलाश्रयालम्बनैः
संगृहीतत्वादेषामभावे तदभावः ॥११॥

*hetu-phalāśrayālambanaiḥ*
*saṁgṛhītatvād eṣām abhāve tad-abhāvaḥ*

*hetu* causa (ignorância) *phala* fruto (esforço) *āśraya* substrato (mente) *ālambanaiḥ* pelos objetos (de percepção) *saṁgṛhītatvāt* da ligação, da escravidão *eṣām* destes *abhāve* na ausência *tat* aquela (impressão) *abhāvaḥ* ausência

Ignorância, esforço, mente e objeto são atados juntos. Quando estes desaparecem, as impressões mentais desaparecem. (11)

स्वरूपतोऽस्त्यध्वभेदाद्धर्माणाम् ॥१२॥

*atītānāgataṁ svarūpato 'sty adhva-bhedād dharmāṇām*

*atīta* passado *anāgatam* ainda não chegou (futuro) *svarūpataḥ* em essência, na realidade *asti* existe *adhva* curso, desenvolvimento *bhedāt* por causa da diferença *dharmāṇām* de características

O passado e o futuro existem na realidade por causa da diferença no desenvolvimento das características. (12)

ते व्यक्तसूक्ष्मा गुणात्मानः ॥१३॥

*te vyakta-sūkṣmā guṇātmānaḥ*

*te* estas (características) *vyakta* manifesta *sūkṣmāḥ* sutil *guṇa* qualidade *ātmānaḥ* composta de, natureza

Essas características têm qualidades de natureza manifesta ou sutil. (13)

परिणामैकत्वाद्वस्तुतत्त्वम् ॥१४॥

*pariṇāmaikatvād vastu-tattvam*

*pariṇāma* transformação *ekatvāt* da uniformidade, da continuidade *vastu* objeto *tattvam* natureza essencial

A natureza essencial de um objeto é encontrada da uniformidade da transformação. (14)

वस्तुसाम्ये चित्तभेदात्तयोर्विभक्तः पन्थाः ॥१५॥

*vastu-sāmye citta-bhedāt tayor vibhaktaḥ panthāḥ*

*vastu* objeto *sāmye* na semelhança *citta* mente *bhedāt* por causa da diversidade *tayoḥ* dos dois (objeto e conhecimento sobre ele) *vibhaktaḥ* distinção *panthāḥ* caminho

Embora um objeto seja o mesmo, porque as mentes são diversas, a trajetória de um objeto e o conhecimento sobre ele são distintos. (15)

न चैकचित्ततन्त्रं वस्तु तदप्रमाणकं तदा किं स्यात् ॥१६॥

*na caika-citta-tantraṁ vastu tad-apramāṇakaṁ tadā kiṁ syāt*

*na* não *ca* e *eka* um, único *citta* mente *tantram* dependente *vastu* objeto *tat* aquilo (mente) *apramāṇakam* conhecimento não válido, não perceptível *tadā* então, nesse caso *kim* o que *syāt* se tornaria

E um objeto não depende de uma única mente. Pois, nesse caso, o que seria dele quando não fosse percebido por aquela mente? (16)

तदुपरागापेक्षित्वाच्चित्तस्य वस्तु ज्ञाताज्ञातम् ॥१७॥

*tad-uparāgāpekṣitvāc cittasya vastu jñātājñātam*

*tat* ele (o objeto) *uparāga* coloração, influência *apekṣitvāt* dependendo de *cittasya* da mente *vastu* objeto *jñāta* conhecido *ajñātam* desconhecido

Um objeto é conhecido ou desconhecido, dependendo se influencia a mente. (17)

सदा ज्ञाताश्चित्तवृत्तयस्तत्प्रभोः पुरुषस्यापरिणामित्वात् ॥१८॥

*sadā jñātāś citta-vṛttayas tat-prabhoḥ puruṣasyāpariṇāmit-vāt*

*sadā* sempre *jñātāḥ* conhecido *citta* mente *vṛttayaḥ* atividades *tat* ela (mente) *prabhoḥ* da base, do superior *puruṣasya* da consciência *apariṇāmitvāt* por causa da não mudança

A atividade da mente é sempre conhecida, porque a consciência, sua base, não muda. (18)

न तत्स्वाभासं दृश्यत्वात् ॥१९॥

*na tat svābhāsaṁ dṛśyatvāt*

*na* não *tat* ela (mente) *svābhāsam* autoiluminada *dṛśyatvāt* por ser perceptível.

A mente não é autoiluminada, porque é perceptível. (19)

एकसमये चोभयानवधारणम् ॥२०॥

*eka-samaye cobhayānavadhāraṇam*

*eka* um *samaye* ao vir junto (*eka-samaye* ao mesmo tempo) *ca* e *ubhaya* ambos (mente e objeto) *anavadhāraṇam* não cognição

E não é possível cognizar a mente e seu objeto ao mesmo tempo. (20)

चित्तान्तरदृश्ये बुद्धिबुद्धेरतिप्रसङ्गः स्मृतिसंकरश्च ॥२१॥

*cittāntara-dṛśye buddhi-buddher atiprasaṅgaḥ*
*smṛti-saṁkaraś ca*

*citta* mente *antara* outro *dṛśye* na visão *buddhi* intelecto *buddheḥ* do intelecto *atiprasaṅgaḥ* excesso de ocorrência *smṛti* memória *saṁkaraḥ* confusão *ca* e

Se a mente fosse vista por outra mente, haveria uma sobreposição de intelecto observando intelecto e confusão de memória. (21)

चितेरप्रतिसंक्रमायास्तदाकारापत्तौ स्वबुद्धिसंवेदनम् ॥२२॥

*citter apratisaṁkramāyās tad-ākārāpattau*
*sva-buddhi-saṁvedanam*

*citteḥ* da consciência *apratisaṁkramāyāḥ* imóvel, pura *tat* aquilo (intelecto) *ākāra* forma *āpattau* ao assumir *sva* próprio *buddhi* intelecto *saṁvedanam* conhecimento, percepção

A consciência, embora imóvel, adquire conhecimento de seu próprio intelecto ao assumir a forma deste. (22)

द्रष्टृदृश्योपरक्तं चित्तं सर्वार्थम् ॥२३॥

*draṣṭṛ-dṛśyoparaktaṁ cittaṁ sarvārtham*

*draṣṭṛ* conhecedor *dṛśya* conhecido *uparaktam* colorido, influenciado *cittam* mente *sarva* todo *artham* abrangente

A mente, influenciada pelo conhecedor e pelo conhecido, é todo-abrangente. (23)

तदसंख्येयवासनाभिश्चित्रमपि परार्थं संहत्यकारित्वात् ॥२४॥

*tad asaṁkhyeya-vāsanābhiś citram api parārthaṁ saṁhatya-kāritvāt*

*tat* aquilo (mente) *asaṁkhyeya* inumerável*vāsanābhiḥ* com impressões *citram* variedade *api* apesar *para* outro (*puruṣa*) *artham* propósito, motivo *saṁhatya* associação *kāritvāt* por causa da atividade

A mente, embora tenha uma variedade incontável de impressões, existe para *puruṣa*, porque atua em associação com ele. (24)

विशेषदर्शिन आत्मभावभावनाविनि-
वृत्तिः ॥२५॥

*viśeṣa-darśina ātma-bhāva-bhāvanā-vinivṛttiḥ*

*viśeṣa* uma distinção (de *puruṣa*) *darśinaḥ* do vidente, aquele que cognizou *ātma* Ser bhāva natureza *bhāvanā* reflexão *vinivṛttiḥ* cessação

Para aquele que cognizou a distinção de *puruṣa*, cessa a reflexão sobre a natureza do Ser. (25)

तदा विवेकनिम्नं कैवल्यप्राग्भारं
चित्तम् ॥२६॥

*tadā viveka-nimnaṁ kaivalya-prāgbhāraṁ cittam*

*tadā* então *viveka* discriminação *nimnam* inclinada *kaivalya* singularidade *prāgbhāram* não muito longe *cittam* mente

Então, a mente inclina-se à discriminação, e não está longe de *kaivalya*. (26)

तच्छिद्रेषु प्रत्ययान्तराणि संस्कारेभ्यः ॥२७॥

*tac-chidreṣu pratyayāntarāṇi saṁskārebhyaḥ*

*tat* aquele (estado) *chidreṣu* nas lacunas, nos intervalos *pratyaya* pensamento *antarāṇi* outro *saṁskārebhyaḥ* devido a impressões

Nas lacunas nesse estado, outros pensamentos surgem devido às impressões. (27)

हानमेषां क्लेशवदुक्तम् ॥२८॥

*hānam eṣāṁ kleśavad uktam*

*hānam* remoção *eṣām* destes *kleśavat* como aflição *uktam* é considerada

A remoção destes é considerada como a remoção das aflições. (28)

प्रसंख्यानेऽप्यकुसीदस्य सर्वथा
विवेकख्यातेर्धर्ममेघः समाधिः ॥२९॥

*prasaṁkhyāne 'py akusīdasya sarvathā*
*viveka-khyāter dharma-meghaḥ samādhiḥ*

*prasaṁkhyāne* na absorção, na reflexão *api* mesmo *akusīdasya* de quem não tem ganho ou interesse *sarvathā* contínuo, constante *viveka* discriminação *khyāteḥ* de alguém com consciência, visão *dharma* lei natural *meghaḥ* nuvem *samādhiḥ* transcendência

Para quem não tem nada a ganhar, mesmo na mais profunda absorção, que tem contínua consciência discriminativa, *dharma megha samādhi* é obtido. (29)

ततः क्लेशकर्मनिवृत्तिः ॥३०॥

*tataḥ kleśa-karma-nivṛttiḥ*

*tataḥ* a partir desse (*dharma megha samādhi*) *kleśa* aflição, causa de sofrimento *karma* ação, a influência escravizante da ação *nivṛttiḥ* remoção

Deste vem a remoção das aflições e da influência escravizante da ação. (30)

तदा सर्वावरणमलापेतस्य
ज्ञानस्यानन्त्याज्ज्ञेयमल्पम् ॥३१॥

*tadā sarvāvaraṇa-malāpetasya*
*jñānasyānantyāj jñeyam alpam*

*tadā* então sarva todos/todas *āvaraṇa* obstrução, cobertura *mala* impureza *apetasya* da remoção *jñānasya* do conhecimento *ānantyāt* por causa do infinito *jñeyam* para ser conhecido *alpam* pouco

Então, porque o conhecimento é infinito quando todas as impurezas obstrutivas são removidas, pouco resta a ser conhecido. (31)

ततः कृतार्थानां
परिणामक्रमसमाप्तिर्गुणानाम् ॥३२॥

*tataḥ kṛtārthānāṁ*
*pariṇāma-krama-samāptir guṇānām*

*tataḥ* então *kṛta* feito, realizado *arthānām* dos propósitos *pariṇāma* transformação *krama* sequência *samāptiḥ* fim, conclusão *guṇānām* da natureza

Então, a natureza cumpriu seu propósito e a sequência de transformações está completa. (32)

क्षणप्रतियोगी परिणामापरान्तनिर्ग्राह्यः
क्रमः ॥३३॥

*kṣaṇa-pratiyogī pariṇāmāparānta-nirgrāhyaḥ*
*kramaḥ*

*kṣaṇa* momento *pratiyogī* sendo dependente de *pariṇāma* mudança, transformação, evolução *apara* final, nada além *anta* fim *nirgrāhyaḥ* percebido, entendido *kramaḥ* sequência, curso, sucessão

A sequência, que depende dos momentos, é percebida no fim definitivo das transformações. (33)

पुरुषार्थशून्यानां गुणानां प्रतिप्रसवः
कैवल्यं
स्वरूपप्रतिष्ठा वा चितिशक्तिरिति
॥३४॥

*puruṣārtha-śūnyānāṁ guṇānāṁ pratiprasavaḥ kaivalyaṁ svarūpa-pratiṣṭhā vā citi-śaktir iti*

*puruṣa* Ser *artha* propósito *śūnyānām* desprovido, ausência *guṇānām* das atividades da natureza *pratiprasavaḥ* retorno ao estado original, reabsorção *kaivalyam* singularidade, iluminação *svarūpa* própria natureza *pratiṣṭhā* estabelecimento *vā* ou *citi* percepção, consciência *śaktiḥ* poder infinito, habilidade, dinamismo, faculdade *iti* o fim

Na ausência de atividade, o propósito de *puruṣa* é realizado, e o que resta é *kaivalya*— o poder infinito da consciência estabelecida em sua própria natureza. (34)

## Sobre o Tradutor

Thomas Egenes recebeu seu doutorado pela Universidade da Virgínia, após graduar-se na Universidade de Notre Dame. Ele é professor da Universidade Internacional Maharishi e tradutor de Os Upanishads (Tarcher / Penguin) juntamente com o Dr. Vernon Katz. Além disso, Dr. Egenes escreveu Introdução ao Sânscrito, Parte Um; Introdução ao Sânscrito, Parte Dois (Motilal Banarsidass International); Aprendendo o alfabeto sânscrito (MIU Press); Todo o Amor Flui para o Ser (Samhita Productions); e Histórias Eternas dos Upanishads (Smriti Books). Seus livros de introdução ao sânscrito são usados na Universidade de Harvard, Universidade de Chicago, Universidade Johns Hopkins, Universidade Nacional da Austrália, além de outras universidades ao redor do mundo. Dr. Egenes mora em Fairfield, Iowa, EUA.

Eliana Homenco realizou o curso para professores de Meditação Transcendental, em 2007, pela Maharishi European Research University (MERU), na Holanda. Atualmente ela divide seu tempo com o ensino da técnica da Meditação Transcendental e a coordenação de projetos EBC (Educação Baseada na Consciência).

Ela é advogada, possui pós-graduação em Administração de Empresas pela FGV e em Neurociência e Comportamento pela PUC/RS. Está realizando pós-graduação em Maharishi AyurVeda, pela Maharishi College of Perfect Health International. Eliana é afiliada à Sociedade Brasileira de Neurociências e Comportamento.

Eliana reside em São Paulo, SP.

Jayme Torres é professor da técnica de Meditação Transcendental de Maharishi Mahesh Yogi, e Administrador de suas Técnicas Avançadas e Programa MT-Sidhis. Recebeu o título de Doutor em Paz Mundial pela Universidade Europeia de Pesquisas Maharishi (MERU) e a Medalha de Maharishi de Liderança Iluminada. Dr. Jayme Torres foi responsável nos últimos 40 anos pela interpretação (tradução simultânea) em português de apresentações ao vivo, áudios e vídeos de Cursos, Palestras e Seminários de Maharishi; traduziu e revisou os principais livros e textos de Maharishi sobre Ciência Védica, como Ciência do Ser e Arte de Viver,

Maharishi Mahesh Yogi Comenta a Bhagavad-Gita, Amor e Deus. Dr. Jayme Torres reside no Rio de Janeiro, Brasil.

Simone Cabizuca é apaixonada por educação. Como professora de inglês, lecionou em escolas particulares e desenvolveu cursos *in-company* em diversas corporações. É graduada em Ciências Econômicas pela PUC-Minas. Possui mestrado em Consciência e Potencial Humano pela Universidade Internacional Maharishi, em Fairfield, Iowa, Estados Unidos. Simone é casada e mãe de duas filhas. Ela vive com sua família em Belo Horizonte, Minas Gerais.

www.ingramcontent.com/pod-product-compliance
Lightning Source LLC
Chambersburg PA
CBHW031859090426
42741CB00005B/560
* 9 7 8 1 4 2 1 8 3 7 1 2 3 *